ORAISON FUNEBRE

DE TRES-HAUT,

TRES-PUISSANT ET TRES-EXCELLENT PRINCE

LOUIS XIV.

ROY DE FRANCE ET DE NAVARRE.

Prononcée dans l'Eglise Cathedrale de Nismes le premier Septembre 1716. jour de l'Anniversaire.

Par le Pere JEAN-ANDRE' SENAUD, de la Compagnie de JESUS.

A PARIS,

Chez la VEUVE D'ETIENNE PAPILLON, près les Grands Augustins, aux Armes d'Angleterre.

M. DCC. XVI.

AVEC PERMISSION.

ORAISON FUNEBRE
DE TRES-HAUT,
TRES-PUISSANT ET TRES-EXCELLENT PRINCE

LOUIS XIV.

ROY DE FRANCE ET DE NAVARRE.
Prononcée dans l'Eglise Cathedrale de Nismes,
le premier Septembre 1716. jour de
l'Anniversaire.

In vitâ suâ fecit monstra, & in morte mirabilia operatus est.

Sa vie a esté un tissu de prodiges, & sa mort nous en a fait voir de nouveaux.
Au liv. de l'Ecclesiastique ch. 38.

PRE's que la France désolée a pleuré une
année entiere la perte du plus grand de ses
Rois, & que les Villes & les Provinces ont
fait retentir leurs Temples de ses loüanges, & des

A

vœux qu'elles ont adreſſez au Ciel pour obtenir ſon ſalut éternel ; pourquoy en ce jour *, vous raſſem-bler dans ce lieu ſaint, & y rendre à ſa memoire avec plus de ſolemnité que vous ne l'aviez encore fait, ces mêmes devoirs de reconnoiſſance & de pieté ?

** Jour de l'Anniver-ſaire.*

Eſt-ce pour expoſer aux yeux d'un peuple affligé le vain ſpectacle d'une pompe funebre ? Non, Meſſieurs ; & ſi obéiſſant aux ordres du venerable Pontife que le Ciel a donné à cette Egliſe pour en faire le bon-heur, j'interromps aujourd'huy les ſaints Myſteres par le récit des vertus du Prince incomparable que vous regrettez, ce n'eſt point pour donner à vôtre cœur un ſoulagement, qui ſerviroit plûtôt à irriter, qu'à adoucir ſa douleur ; mais pour ſuivre les mou-vemens que nous inſpire la Religion ; pour faire ce que nous trouvons marqué dans les ſiecles les plus purs de l'Egliſe ; ce que Tertullien nous apprend qui ſe pratiquoit de ſon temps ; ce que Saint Gre-goire, cette grande lumiere de l'Orient, promet-toit à l'ame de Ceſaire, lorſque prononçant l'éloge de cet illuſtre Mort, nous vous avons rendu „luy diſoit-il, des devoirs de pieté, mais nous vous en rendrons encore d'autres, lorſque nous celebrerons par des oblations & par des prieres l'Anniverſaire de vôtre mort, *alia quidem perſolvimus, ſed alia dabimus, anniverſarios honores, & commemorationes offerentes.*

Tertull. de Monog.

Greg. Naz. de obitu Ceſa-rii.

Ce n'eſt donc point un uſage arbitraire qui nous

guide dans les honneurs funebres que nous allons rendre au grand Roy que nous avons perdu ; mais un devoir qui nous est prescrit par la plus venerable antiquité.

Si je ne me flatte pas que mon discours serve à vous faire remplir ce devoir avec plus de ferveur, je ne crains pas qu'il affoiblisse des sentimens si profondément gravez dans vos cœurs. Vôtre reconnoissance n'a pas besoin d'être excitée de nouveau par le détail de tant de bienfaits toûjours presens à vos yeux. Les vertus éclatantes que vous avez admirées, fournissent de fermes & de durables appuis à vôtre confiance. Dans l'aggrandissement, le bonheur, & la gloire de l'Etat procurez par les travaux de LOUIS, vous trouvez de quoy animer vôtre zele pour son bonheur éternel. La Religion défenduë par ses Edits, étenduë par sa protection, honorée par ses grands exemples, assure l'effet de vos ardentes prieres. Un si parfait assemblage de tant de qualitez & d'actions heroïques & chrétiennes soutiendra vôtre foy, vôtre admiration, vôtre amour. La seule pompe funebre presente à vos yeux r'assemblera sans moy toutes ces images. Vos idées sont indépendantes de mes expressions ; & un si riche sujet n'attend rien de l'éloquence.

Qui pourroit vous développer le secret des desseins que la misericorde de Dieu forma sur luy en l'accordant à cet Empire. Il le créa avec toutes les grandes

qualitez que demande le Trône, pour en faire le modele des Rois qui doivent y monter aprés luy ; il luy
dicta un plan de Gouvernement qui pût servir de
regle constante à leur conduite , & luy inspira des
maximes qui seront les leçons éternelles sur lesquelles ils se formeront tous à l'avenir.

Les cinq derniers Regnes qui precederent le sien
avoient inutilement lutté contre cette Hérésie si féconde en dissensions , & qui précipita nos peres dans
de si funestes malheurs ; la gloire de couper la derniere tête de cette hydre toûjours renaissante, de répa-
rer les ruines qu'elle avoit causées, & de rendre à la
Religion & à l'Etat sa premiere splendeur, luy étoit
reservée.

De combien de vertus & d'actions heroïques un
changement si prodigieux ne fut-il pas le fruit? Pour
conduire à sa perfection un si grand ouvrage, il faloit au Roy destiné à le consommer , un pouvoir
assez redouté au dehors pour tenir en respect les Puis-
sances interessées à le traverser, & au dedans une autorité qui n'eût d'autres bornes que le bon usage
qu'il en voudroit faire. Un long enchaînement de
Victoires remportées sur ses Ennémis l'en rendit la
terreur, & la superiorité qu'il fit paroître dans l'art
de regner, avant qu'il eût eu ce semble le temps de
l'acquerir, faisant trouver à ses peuples leur bonheur
dans leur obéïssance, eut bien-tôt effacé de leurs esprits

les idées d'indépendance qu'avoient pû faire naître
les troubles de sa minorité.

Tout ce qu'il y a eu de glorieux dans son Regne
s'est r'apporté à ce dessein que le Seigneur avoit eu sur
luy en faveur de son Eglise & de cet Etat ; les prodiges de sa vie & de sa mort en ont esté ou le principe,
ou la récompense. Les uns & les autres sont aujour-
d'huy l'illustre matiere de son Eloge.

Les paroles de mon texte vous en ont representé
l'abregé, *in vitâ suâ fecit monstra, & in morte mirabilia
operatus est.* Sa vie a été un tissu de prodiges, & sa mort
nous en a fait admirer de nouveaux.

On voit assez souvent des vies illustres, mais qui
sont terminées par une mort qui en fait disparoître
tout l'éclat ; ou des morts précieuses, mais qui ont
été précedées par une vie obscure, & qui n'a merité
nulle attention. La gloire singuliere du Prince que
nous loüons, est d'avoir terminé une vie remplie de
prodiges par une mort pleine de merveilles.

Sa vie a esté un Prodige par la singularité des évenemens éclatans qui l'ont signalée.

Sa mort a été un Prodige par les effets heroïques
de la force Chrétienne qui l'a consacrée.

Qui pourroit dans ce plan d'Eloge méconnoistre
celuy qu'a si justement merité TRES-HAUT, TRES-
PUISSANT, ET TRES-EXCELLENT PRINCE
LOUIS QUATORZIE'ME, ROY DE FRANCE
ET DE NAVARRE?

PREMIER POINT.

DIEU qui a créé ce vaste univers, en arrange tous les évenemens pour le salut de ses Elûs, & pour la gloire de son Eglise. Il préside aux révolutions des Monarchies, afin d'en balancer la fortune, & d'entretenir l'harmonie du monde en y maintenant l'équilibre des Etats. Mais lorsqu'une Nation fidele à conserver son culte & à respecter ses Loix, a sçû s'attirer de sa part une protection singuliere, il veille de plus près à sa garde, il écarte les périls qui la menacent, prépare les conjonctures qui peuvent la favoriser ; & comme le sort des Empires dépend principalement des Souverains qui les gouvernent, il prend un soin particulier de former ceux qu'il met sur la tête de son peuple cheri, & sa bonté va jusqu'à accommoder les divers caracteres des Rois qu'elle luy donne aux differens besoins où les révolutions des temps l'ont réduit.

La France qui depuis plus de treize siecles a l'avantage de connoître la Religion sainte du vray Dieu, & qui seule peut se glorifier de n'avoir vû sur son Trône, dans une si longue suite d'années, aucun Prince qui ne fût enfant de l'Eglise ; la France, ce Royaume tres-Chrétien, a souvent éprouvé une bonté du Seigneur si attentive, mais jamais avec tant de bonheur que dans la personne du grand Roy dont j'entreprens l'éloge, & dont vous déplorez la mort.

Celuy qui appelle les choses qui ne sont pas comme celles qui sont, n'avoit besoin ni de tems, ni de préparation, ni d'efforts pour faire sortir du néant les plus magnifiques ouvrages. Mais il voulut qu'un Prince auquel il avoit marqué les destinées les plus glorieuses luy fût long-temps demandé par toute sa Nation chérie.

Quelle joye ne causa pas à l'Etat l'heureuse naissance d'un Dauphin attendu pendant vingt-trois ans? Sa vie a été si longue pour nôtre bonheur, que nous n'avons appris que par tradition les acclamations que les peuples firent retentir autour de son berceau.

Comme il ne pouvoit regner trop long-tems pour remplir les vûës de celuy qui nous l'avoit donné, sa Providence se hâta de luy mettre le Sceptre à la main, & nous l'a conservé jusqu'à un âge si avancé, que l'Histoire ne nous fournit l'exemple d'aucun Regne, qui ait égalé la durée du sien.

Que de prodiges sont renfermez dans l'espace de près de soixante-quatorze années qui s'écoulèrent depuis le jour qu'il monta sur le Trône de la France jusqu'à celuy où nous avons tant de sujet de présumer qu'il est allé prendre possession d'un Trône éternel? Je vous en ay promis le détail, Messieurs, mais pardonnez à mon imprudence. Mon zele pour la gloire de ce grand Roy m'a séduit, & ne m'a pas

permis de voir d'abord que le premier prodige de ſa
vie eſt d'en fournir un ſi grand nombre, qu'on ne ſçauroit les renfermer dans les bornes d'un ſeul Diſcours.
Des bouches plus éloquentes que la mienne celebre-
ront ceux qui n'auroient pû luy faire attribuer qu'un
heroïſme profane ; je choiſis parmi les merveilles de
ſon Regne, qui ſuppoſent, ou qui forment un Heros
Chrétien , quelques-unes de celles qui m'ont frapé
d'avantage;ſa Moderation dans la plus haute puiſſance,
ſon Aſſujettiſſement conſtant à l'ordre & à la regle
dans l'indépendance que favoriſe la Royauté ; ſon
Retour à Dieu dans le cours même de ſes plus grandes proſperitez; enfin ſa Soumiſſion & ſa Fermeté dans
les revers les moins attendus & dans les épreuves les
plus ſenſibles.

Sa Moderation dans la plus haute puiſſance. Quelle
étenduë n'eut pas ſon vaſte pouvoir? Le Cardinal de
Richelieu avoit jetté ſous le Regne précedent les fon-
demens de cet immenſe édifice, que LOUIS rendit
formidable à tout l'univers. La ſuperiorité de ſes
grands talens pour la guerre, qui luy donnerent d'a-
bord un ſi viſible aſcendant ſur les autres Princes de
l'Europe ; la multitude de ſes Troupes qui ſuffiſoit
pour former à la fois cinq ou ſix grandes armées ; la
valeur de ſes ſoldats qui pouvoit ſuppléer au nombre ;
l'habileté & le courage de ſes Generaux, à qui ſes
ordres ſeuls ſembloient aſſurer la victoire ; la capacité
de

de fes Miniftres , dont il élevoit & perfectionnoit
toutes les vûës ; la folidité de fon Génie qui luy tint
lieu d'inftruction ; fon intrepidité qui nous fit plus
d'une fois trembler pour fa vie ; fa haute fageffe qui
n'abandonnoit à la fortune aucun des évenemens,
dont elle pouvoit préparer le fuccès ; fa vigilance qui
le rendit auffi attentif à profiter des conjonctures,
qu'il étoit habile à en faire naître de favorables; fon
activité infatigable qui mettoit à propos en œuvre
tant d'avantages & tant de fecours ; enfin fon bonheur conftant qui fit pour luy de plus de la moitié
d'un fiecle un enchaînement continuel de triomphes
de gloire , de réputation & de conquêtes. Voilà ,
Meffieurs, ce qui rendit LOUIS LE GRAND la
terreur de fes Ennemis, l'appuy de fes Alliez, l'amour de
fes Peuples , l'azile des Rois, le deftin de l'Europe, l'or-
nement de fon fiecle, & l'admiration du Monde entier.
Voilà fur quelles vertus fut établie fa Puiffance, & par
quels nobles moyens, il mit le comble à fa fuprême
Autorité ; mais voilà ce que je ne regarde icy comme
la matiere de fa veritable gloire, que parce que tout
cela ne fit que fournir un exercice plus illuftre à fon
heroïque Moderation.

D'autres chercheront le plus haut point de fa Grandeur dans les diverfes guerres qu'il a faites ou con-
duites. Pour moy , je le trouve dans les differentes
paix qu'il a accordées ou preferites aux peuples vain-

B

cus. Celles-là l'ont fait comparer aux plus fameux Conquerans ; celles-cy l'ont élevé au-dessus de sa propre gloire. Celles-là ont esté pénibles à ses Sujets ; celles-cy ont été avantageuses à ses Ennemis mêmes. Celles-là luy ont soumis des Villes & des Provinces entieres ; celles-cy ont montré l'Empire qu'il exerçoit sur ses passions, lors même qu'elles avoient été irritées par une longue suite de Victoires.

Que les Orateurs & les Poëtes profanes, pour enrichir leurs Ouvrages de ses faits belliqueux, employent les traits les plus vifs & les figures les plus hardies à vous peindre la multitude, &, s'il leur est possible, la rapidité de ses Conquêtes ; qu'ils vous montrent tantôt quatorze, tantôt vingt, jusqu'à trente & quarante Places devenuës le fruit d'une seule de ses Campagnes ; qu'ils vous representent la Lorraine soumise en un seul jour, la Franche-Comté conquise en une seule semaine, la Hollande emportée presque toute entiere dans un seul mois, & ne sauvant les restes de son pays désolé qu'à la faveur d'un remede mille fois plus violent que le mal qu'elle vouloit éviter ; qu'ils vous mettent sous les yeux l'Europe entiere trois fois conjurée contre luy, couvrant la terre d'Escadrons & de Bataillons, & tenant le Royaume bloqué par ses armées, dont les Chefs se partageoient déja nos Provinces comme une proye qui ne pouvoit leur échaper ; qu'après vous avoir ainsi montré la

ruine inévitable de cet Etat, devenant tout d'un coup
simples , mais fidelles Hiftoriens de ce qui s'eft paffé,
ils vous faffent voir la France non feulement délivrée,
mais triomphante & accablant tant de peuples liguez
par les plus humiliantes défaites.

Que pour vous furprendre par un fpectacle encore
plus ébloüiffant, que leur permet de vous donner la
vanité de leur art , ils évoquent fur les bords du
Rhin les Ombres de ces illuftres Romains qui trou-
verent dans ce fleuve une barriere infurmontable à
leur valeur, & qui ne ceda qu'à leur induftrie ; qu'ils
leur faffent contempler avec envie l'armée Françoife
animée de l'ardeur que luy infpiroit la prefence du
Roy , traverfant à la nage cette grande Riviere pour
aller enfoncer les Ennemis qui défendoient l'autre
bord ; que vous faifant découvrir la verité au travers de cette fiction, ils affurent à L O U I S fur ces
Heros de l'ancienne Rome une inconteftable préfe-
rence ; pour moy, je le trouve bien plus digne d'admiration, lorfque fe fixant à luy-même des bornes
que fes Ennemis n'ofoient luy prefcrire , il s'arrête
au milieu de fes triomphes ; lors qu'accordant à la
Ligue une Paix auffi avantageufe qu'elle luy étoit
neceffaire pour prévenir fa ruine , il luy donne un
exemple de moderation qu'elle n'a pas eu la force de
fuivre dans la feule guerre, où fes armes, par un adorable jugement du Seigneur , étoient devenuës fupe-
rieures aux nôtres.   B ij

Il me paroît bien plus grand, lorſqu'il envoye à la Hongrie preſſée par les Infidelles un ſecours qui ſervit à rétablir cet Etat par le gain d'une Bataille déciſive ; lorſqu'au premier bruit d'un prodigieux armement du Grand-Seigneur, loin de penſer à profiter d'une ſi favorable conjonĉture, il commanda ſur le champ la levée du blocus de Luxembourg, afin que l'Empereur pût ſans inquiétude employer ſes forces réünies à ſauver ſa Ville Capitale qui fut ſur le point de tomber entre les mains du Prince Othoman. Il me paroît bien plus grand, lorſqu'au milieu de ſes ſujets, dont aucun durant un ſi long Regne n'a été ſacrifié ni à ſes ſoupçons ni à ſa vengeance, il vouloit regarder comme des malheurs, des fautes que des Princes moins moderez auroient puni comme des crimes. Enfin, (car parmi tant d'exemples heroïques qui meriteroient d'avoir place dans cet éloge, & que je ne puis y retracer, je ne ſçaurois me réſoudre à oublier celui qui ſeul le rendroit digne d'être le modele des Princes magnanimes) il me paroît bien plus grand, lorſque l'Eſpagne luy offrant toutes ſes Couronnes pour l'un de ſes petits-fils, non ſeulement il n'eſt pas ébloüi de l'éclat de tant de Royaumes ; mais il demande du temps pour déliberer. Qu'auroit eu à examiner un Prince ambitieux en de pareilles circonſtances, ſi ce n'eſt peut-être les moyens de ne pas laiſſer échaper un heritage ſi précieux ? LOUIS avec une équité accoutumée à décider pour le parti le plus juste, balance les droits de tous les Princes, & n'accorde aux vœux d'une grande Nation le Roy qu'elle luy demande, qu'après s'être convaincu qu'il y auroit de l'injustice à le luy refuser.

Non, Messieurs, ces actions que je viens de vous rappeller, ne périront point lors même que les annales qui les consacrent feront abolies, & que les monumens de Marbre & d'Airain élevez pour en conserver la Memoire feront anéantis. Il est écrit que les Rois porteront dans le Ciel toute leur gloire. En fut-il jamais de plus digne d'y entrer, que celle qui a esté acquise par des prodiges de magnanimité & de moderation que le Christianisme seul a pû inspirer ?

- Que si parmi tant de Guerres que ce grand Prince a eu à soûtenir, il en étoit quelqu'une où il eût parû moins moderé dans l'entreprise que dans l'usage des Victoires, respectons l'humble aveu que sa Religion luy en a fait faire à la mort. Souvenons-nous par quels applaudissemens nous avons irrité son ardeur martiale. Pensons avec quel orgueil nous nous sommes si souvent enflez de ses triomphes, qui par la haute reputation qu'ils ont donnée à nos Armes, ont peut-être prévenu de plus grands maux que ceux qu'ils nous ont caufez ; fur tout n'oublions jamais, que puifque la Guerre eft dans les maximes du Chriftianifme un fleau dont Dieu fe fert pour punir les crimes des Peuples, nous n'en avons que trop commis pour mériter d'en être accablez ; & loin de rejetter fur le Roy un mal que les pechez de fes Sujets ont fi vifiblement attiré, admirons fa vigilance & fa fageffe, qui tandis que les autres Peuples étoient livrez à toutes les horreurs de la Guerre, dont ils ont été conftamment le Théatre, ont fait joüir l'interieur de nos Provinces d'une profonde tranquilité; renouvellant en quelque forte la merveille que Dieu opera autrefois dans l'Egypte, lorfqu'il fit joüir les Enfans de Jacob de la plus pure lumiere du Soleil, tandis que le refte de cet Empire étoit couvert d'horribles tenebres qui rempliffoient tout d'épouvante & d'effroy.

Mais quelle fut la fource d'un bien fi précieux? nous le devons à fon affujettiffement conftant à l'ordre & à la regle, qui luy fournit le loifir de pourvoir à tout par la continuité d'une application, dont les fiecles les plus reculez goûteront encore les heureux fruits.

Nous l'avons vû garder durant la plus longue vie une conduite uniforme, dont ni les évenemens les plus heureux, ni les accidens les plus triftes n'ont pû le faire démentir. Toutes fes actions ont été mefurées, toutes fes démarches concertées, tous fes mo-

miens deſtinez à nos avantages, & aſſujettis à un ordre & à une regle que rien n'a été capable de déran-
ger. Comme l'Aſtre du jour qu'on luy a donné pour
ſymbole, parce qu'il eſt le plus lumineux & le plus
reglé dans ſa courſe, il n'eſt jamais ſorti des bornes
que ſa ſageſſe s'étoit preſcrites, jamais il n'a ni pré-
cipité ni retardé ſes pas.

Une Aſſemblée, comme celle-cy, compoſée de
tant de Sages, n'a pas beſoin que je luy faſſe ſentir
le mérite d'une égalité ſi conſtante, & tout ce qu'une
telle uniformité coute de violence. Ne laiſſons pas
d'en chercher les principes, & d'en conſiderer les
effets. Ceux-là nous découvriront les vertus qui de-
mandent nôtre imitation, & nous verrons dans ceux-
cy les plus grands avantages dont nous joüiſſons,
qui exigent toute nôtre reconnoiſſance.

Une attention continuelle à remplir avec exacti-
tude les moindres devoirs de ſa dignité, une circon-
ſpection dans ſes paroles & dans ſes actions, qui ne
laiſſe rien échaper que de concerté & de conforme
aux bienſéances du Rang & du Caractere ; enfin,
une vie dont tous les momens ſont marquez, & où
les occupations ſe ſuccedent par un ordre preſcrit.
Tout cela ne montre d'abord rien qui ébloüiſſe, où
qui attire l'admiration ; cependant, quelles hautes
Vertus ne ſuppoſe pas une telle conduite ? Quel empire ne faut-il pas avoir acquis, je ne dis pas ſeule-

ment fur les paſſions fougueuſes, dont il eſt quel-
quefois facile à un homme ſage de réprimer les ſail-
lies, par la crainte même des trop grands écarts qu'elles produiſent ; mais ſur celles qui allarment moins
la vertu, parce qu'elles paroiſſent moins coupables ,
ſur les bizarreries, ſur les caprices, & ſur les inéga-
litez de l'humeur. Une régularité ſi conſtante dans
des occupations moins tumultueuſes, & dans une
vie moins traverſée, eſt le plus haut point de la perfection. Que ſera-ce donc d'avoir porté ſur le Trône, au milieu de tout ce qui flate & qui excite les
paſſions, qui diſtrait ou qui affoiblit la ſageſſe, ce
qui ne peut être pratiqué dans la retraite même que
par le ſecours de la plus éminente vertu ?

C'eſt cependant ce que LOUIS nous a fait voir
durant le cours de ſon Regne, par un aſſujettiſſement conſtant de ſa vie aux devoirs de ſa Dignité
Royale, & par un ſacrifice continuel de ſa liberté
aux differens beſoins de ſon Peuple. Donna-t'il lieu
de penſer qu'il regardât la Royauté comme un droit
acquis de couler ſes jours dans une oiſiveté déli-
cieuſe ? Le vit-on ſe refuſer au détail ennuyeux des
Affaires étrangeres & domeſtiques, ou laiſſer couvrir ſon Auguſte front du moindre nuage qui dimi-
nuât la confiance qu'avoient ſes Miniſtres à les luy
propoſer ? Mais quels avantages ne produiſirent pas
cette aſſiduïté ſi concertée, & cette égalité d'ame que
rien

rien ne fut capable d'entamer ou d'alterer ? C'eſt que l'arrangement qu'il avoit fait de ſes Conſeils ; la loy qu'il s'étoit impoſée d'y aſſiſter toûjours en perſonne ; l'ordre qu'il avoit preſcrit à toute la ſuite de ſes occupations differentes multipliant , pour ainſi dire, les heures de chacun de ſes jours, luy laiſſerent malgré ſes longues Guerres encore aſſez de temps pour veiller au dedans du Royaume, avec la même attention que s'il n'avoit été diſtrait par aucun ſoin étranger.

Il formoit le plan de ſes plus glorieuſes Campagnes ; & cependant on voyoit nos Villes s'augmenter, s'embellir, ſe peupler, & ſe policer ſous ſes ordres. Il avoit dans ſon eſprit le détail immenſe de la Guerre, dont il dirigeoit tous les mouvemens; & cependant l'amour & le reſpect des peuples pour ceux à qui il confioit le ſoin de les gouverner de plus prés, prouvôient & l'attention & le juſte diſcernement qu'il apportoit à les choiſir. On ſçait avec quelle complaiſance cette Province ſe glorifie d'avoir été privilegiée en ce point. Il méditoit une grande Conquête , & en faiſoit les préparatifs avec autant de promptitude que de ſecret ; & cependant ſe digeroit ſous ſes yeux un nouveau corps de Loix qui ont fourni au bon droit des voyes plus ſeures & plus courtes pour triompher de la chicane & de l'oppreſſion. Il conduiſoit tout à la fois les Sieges de pluſieurs Places importantes ; & cependant des Magiſtrats qui avoient merité ſon choix par leurs vertus, parcouroient le Royaume pour rétablir la ſeureté publique, réprimer les violences que le crédit ren-doit impunies, & juger dans les Tribunaux les Ju-gemens même de la Juſtice.

Il étoit occupé à regler les marches & les retraites de ſes Armées ; & cependant les deux Mers qui nous environnent voyoient ceder à l'induſtrie & au tra-vail, excitez par ſes récompenſes, les invincibles obſtacles qui les ſeparoient depuis la création du Monde ; & cette grande Province joüiſſoit deja des avantages ineſtimables d'un Ouvrage dont Charles-magne n'avoit pû ſurmonter les difficultez. Il tra-vailloit à diſſiper les Ligues, ou à les prévenir ; à ſe faire des Alliez, ou à les ravir à ſes Ennemis ; & ce-pendant s'élevoit dans ſon auguſte Capitale, en fa-veur des Guerriers uſez par les travaux Militaires, ce ſomptueux Monument de ſa magnificence & de ſa charité ; Ouvrage qu'avoit autrefois médité Phi-lippe-Auguſte ; mais dont l'execution étoit réſervée à LOUIS LE GRAND, à qui il étoit donné de remplir les projets, dont l'idée ſeule avoit immorta-liſé nos plus grands Rois. Il diſciplinoit ſes Troupes, & ſe faiſoit un délaſſement du ſoin de les aguerrir ; & cependant de nouveaux Ports de Mer ouvroient à nos Vaiſſeaux des aziles auſſi ſeurs que magnifi-ques ; nos Fleuves devenoient navigables, & nos

Campagnes furprifes, fe voyoient traverfées par des Rivieres que la nature n'avoit point formées. En un mot, par un prodige jufqu'alors inoüi, il nous procuroit au milieu de la Guerre les plus durables avantages de la Paix.

France, fi la Juftice qui éleve les Etats a porté fi haut ta gloire ; fi les Loix fe font fait entendre à fes Peuples malgré le tumulte des armes ; fi tes Flottes, & tes Armées font devenuës des Ecoles publiques, où toute l'Europe eft venuë apprendre la fcience périlleufe de la navigation, & l'art de la Guerre ; fi le Commerce établi, & devenu fi florif- fant s'enrichit des tréfors difperfez par toute la Terre; fi de nombreufes Colonies t'ont formé de nouveaux Peuples, & de nouveaux Etats ; fi des génies fupérieurs ont porté les Sciences & les beaux Arts à un fi haut degré de perfection, que nous n'avons plus à craindre que leur décadence ; s'il s'eft élevé dans ton fein des hommes excellens en chaque genre, qui ont augmenté le nombre des modeles que nous avoit laiffé l'antiquité ; tous ces differens prodiges font dûs à l'inépuifable application de ton Roy ; dont le Regne a tellement multiplié tous les établiffemens utiles au bonheur & à la gloire de cet Empire, que fi je les parcourois en détail, on croiroit que je réünis dans un feul Eloge tout ce qui s'eft fait d'avantageux durant le cours entier de la Monarchie,

& qu'au lieu de l'Hiſtoire de LOUIS LE GRAND, je trace celle de tous nos Rois.

Quelles benedictions ne donneront pas nos derniers Neveux à la Memoire d'un Prince qui leur a procuré de ſi loin tant d'avantages ? Quand nous pourrions luy refuſer dans nôtre Cœur la place qu'il merite à ſi juſte tître , nôtre injuſtice pourroit-elle affoiblir leur reconnoiſſance pour tant de bienfaits, & leur amour pour un Roy, auquel l'Hiſtoire leur apprendra qu'ils en ſont redevables?

Envain cependant LOUIS ſe ſeroit-il aſſuré l'amour & la veneration de la Poſterité, s'il n'avoit abandonné de bonne heure les voyes dans leſquelles il eut le malheur de s'égarer. Son nom auroit eu ſans doute une place illuſtre dans l'Hiſtoire ; mais il n'eut point été écrit dans le Livre des Prédeſtinez.

Les Princes ne trouvent preſque jamais parmi les hommes de Tribunal aſſez deſintereſſé pour rendre juſtice à leur mérite. Une baſſe Flaterie tourne leurs Vices en Vertus durant leur vie. Une odieuſe malignité s'efforce de changer en Vices leurs Vertus même après leur mort. Dieu ſeul toûjours également équitable dans ce qu'il approuve , & dans ce qu'il condamne, n'épargne aucune de leurs fautes , & ne cherche à ternir aucune de leurs bonnes actions. Comme il étend ſes recompenſes à tout le bien qu'ils font, il ne laiſſe ſans châti-

ment aucun des maux qu'ils commettent. Nulle
puiſſance créée ne peut éluder les droits de ſa juſtice ; & il déclare dans ſes Divines Ecritures à tous
les Rois, que l'éclat de leurs plus brillantes Couronnes ne ſçauroit couvrir la honte attachée au Crime,
& que s'ils en ſont coupables, ils n'ont d'autre voye
pour l'éviter que de les effacer par un ſincere repentir. LOUIS ne ſe montra point indocile à une
leçon qui paroît ſi dure à l'amour propre des Grands.
Il ne fut pas aſſez heureux pour ſe garantir des Pie-
ges & des écueils qui environnent les Trônes ; mais
il ſe convertit ; & comme ſi ſa deſtinée eût été de
tenir en tout quelque choſe du prodige, ce qui eſt
preſque toûjours pour les autres hommes un principe d'endurciſſement, devint pour luy une ſource de
ſalut ; & ſon retour à Dieu fut le fruit de l'impreſ-
ſion que fit ſur un cœur auſſi noble que le ſien, l'excès
des plus grandes proſperitez.

Souvenons-nous quel étoit alors l'éclat de ſa Gloire.
Les plus puiſſans Souverains de l'Aſie avoient rendu
hommage à ſes Vertus. Une Reine plus fameuſe encore par ſa ſageſſe que par ſon amour pour les
Sciences étoit venuë des Païs les plus éloignez pour
l'admirer ; & un Roy avoit preferé le bonheur de
vivre comme ſon Sujet, au Trône d'une Nation
Belliqueuſe. Adoré de ſes Peuples qui ſe glorifioient
de l'avoir pour Maître ; craint de ſes Ennemis qui

le regardoient comme invincible, parce qu'ils ne
l'avoient jamais vaincu; en état de tout entrepren-
dre, parce qu'il pouvoit tout executer ; il marchoit,
& les peuples soûmis alloient implorer sa Clémence.
Il ne s'étoit pas encore presenté, & les Villes luy ouvroient leurs Portes. Le dedans du Royaume étoit
tranquile & glorieux, & tant d'avantages étoient
comblez par les douceurs Domestiques.

Les Prophetes instruits des voyes ordinaires dont
vôtre misericorde se sert, ô mon Dieu , pour r'a-
mener les Ames infidelles, & plus zelez pour son salut éternel que pour sa gloire temporelle, vous con-
juroient en secret de diminuer quelque chose de sa
fortune pour favoriser sa conversion. Ils ignoroient
les desseins particuliers que vous aviez sur ce Prince,
& ne sçavoient pas que vôtre grace devoit operer
par la generosité de son cœur un sacrifice que les
Grands ne vous font presque jamais que dans le cours
des revers éclatans, & dans la necessité de se donner
à vous, lorsque tout le reste leur manque.

En effet, le moment de Salut arriva. Le Seigneur
luy fit entendre ces paroles qu'il avoit autrefois
adressées à David par la bouche de Nathan. Je vous
ay élevé sur le premier Trône du monde. J'ay ex-
terminé tous vos Ennemis devant vous. Si tant de
bienfaits n'ont pû m'attirer vôtre cœur, j'employeray
pour le gagner des faveurs encore plus singulieres,

& si parva sunt ista, adjiciam multò majora. LOUIS ne peut tenir contre des Sentimens si tendres & si touchans. L'excès des benedictions, dont Dieu l'avoit comblé, r'approché de son peu de correspondance, le couvrit d'une salutaire confusion; & la grace favorisant les remords qu'elle avoit fait naître dans son ame, luy donna la force de rompre ses chaînes pour se reconcilier avec Dieu. Ainsi, Seigneur, vous qui ne faites presque jamais que des ingrats, tandis que vous faites des heureux, vous eûtes la gloire de rendre un Roy pénitent par reconnoissance & par amour.

Que nous voyons rarement de pareils retours à Dieu, sur tout parmi les Grands de la Terre! C'est que non contens de se livrer sans discretion à tous les desirs de leurs cœurs, ils ne trouvent pas assez pur le plaisir des plus grands crimes, s'ils n'ont secoüé avec les remords qu'ils entraînent, la timidité à les commettre qui en diminuë la douceur. C'est que pour en venir à ce point, ils cherchent dans une indocile curiosité de quoy étouffer en eux jusqu'aux moindres sentimens de Religion; principe necessaire des troubles qui les agitent, tandis qu'il subsiste. C'est qu'en brisant ce joug sacré, ils se raviscent l'unique ressource qui pourroit quelque jour les r'amener. C'est, en un mot, que pour se rendre la perte de leurs mœurs insensible, ils perdent encore leur Foy.

Le Roy ne donna point dans des Ecueils si funestes, & conserva toûjours un fond de Religion, qui ne luy permit jamais de chercher à se justifier ses infidelitez envers Dieu, par l'extinction des Lumieres éternelles qui les condamnent. L'horreur qu'il montra pour l'impieté, empêcha toûjours qu'elle n'osât paroître en sa présence. Le moindre mépris, je ne dis pas de nos Mysteres, mais de nos saintes Ceremonies luy paroissoit un crime, qu'il n'auroit jamais crû pouvoir pardonner. Quel zele, quel attachement n'eut-il pas dans tous les temps pour l'Eglise? Ecouta-t-il les vûës d'une timide politique, lorsqu'il s'agit de renverser les Autels, que l'erreur avoit élevez parmi nous? Avec quelle Magnanimité ne sacrifia-t-il pas tout à l'avantage de r'amasser les dispersions d'Israël, & de nous r'amener tous à l'unité d'un même Culte? Rien ne couta au desir qu'il avoit de faire réüssir un dessein si glorieux à Dieu. Sa Sagesse s'employa toute entiere à en chercher les moyens, & ses Trésors furent ouverts pour les mettre en œuvre. Les Edits extorquez dans des temps orageux furent abolis. De nouveaux Temples s'éleverent de toutes parts. On en conta jusqu'à deux cens construits en moins d'une année dans cette seule Province. Une sage severité y rassembla les enfans de ceux, que l'artifice & la violence en avoient éloignez.

Le Seigneur si riche en misericorde, en ouvrit

tous

tous les Tresors sur un Prince qui avoit montré tant
de zele à étendre son culte ; & la pieté du Prince
parut depuis recevoir chaque jour de nouveaux Ac-
croissemens. Quelles esperances de son salut éternel
ne doit pas vous donner sa longue perseverance dans
l'exacte régularité d'une vie chrétienne? Mais sa soumission dans les épreuves & les revers, qui fourni-
rent un si rigoureux exercice à son heroïque patience,
vous feront encore un plus seur garant de sa bien-
heureuse immortalité.

Toute la suite de l'Histoire sacrée nous apprend
que la divine Justice, lorsqu'elle accepte le repentir
des Princes, ne manque presque jamais de les punir
par des calamitez publiques. Diray-je que les fleaux
que nous vîmes fondre sur nous, furent la peine des
fautes du Roy? Ah! nos crimes bien plus opiniâtres
nous en découvrent encore plus seurement la source.
Quoy qu'il en soit, le fleau de la Guerre fut le premier que nous eûmes à essuyer. Le Dieu des Armées
commanda à la Victoire, & elle quitta nos Etendars
pour passer dans le Camp de nos Ennemis. Elle s'ef-
força de répandre des nuages sur la gloire d'un Roy,
qu'elle avoit si souvent couronné. Les Nations cons-
pirérent contre nous ; & la fureur qui les saisit sem-
bla devenir plus alterée de nôtre Sang, à mesure
qu'il luy fut donné de le répandre. Des Places en-
levées, des Batailles perduës firent voir combien

toute la Sageſſe du Souverain, la capacité des Generaux, & la valeur des Troupes deviennent inutiles
dans la Guerre, lorſqu'il plaît au Seigneur d'humi-
lier un Peuple, qui a eu le malheur de l'irriter.

Les diſgraces ſont plus difficiles à ſoûtenir, à me-
ſure qu'elles ſuccedent à de plus grandes proſperitez.
Un changement ſi ſubit fut pour nous, lâches & foibles mortels, une épreuve trop forte ; mais qui fournit au Roy une occaſion digne de ſa vertu. Il
s'humilia ſous la main de Dieu, tandis que ſes Peuples murmuroient peut-être de la voir appéſantie.
Sa Religion, en luy découvrant la ſource de nos
infortunes, luy en fournit la conſolation ; & ſoutint
ſi bien ſa conſtance, que rien ne put la faire plier. Sa
Sageſſe ne fut jamais déconcertée. L'effort de l'ora-
ge ne fit que rendre le Pilote plus attentif ; & ſon
Ame, comme ces montagnes qui trouvent une conſtante ſerenité dans leur hauteur, parut habi-
ter une région ſuperieure à toutes les tempêtes.

Mais ce ne furent-là que les eſſais de ſon heroïque Patience. Soit que nos iniquitez fuſſent montées
par degrez à leur comble ; ſoit que le Seigneur me-
ſurât l'épreuve à la force du Prince, dont il vouloit épurer la vertu, les tréſors de ſa colere furent
ouverts ; & les menaces qu'il avoit faites autrefois par le Prophete Joël à ſon Peuple infidelle,
devinrent parmi nous des évenemens & des ſpecta-

cles. Nos Campagnes furent defolées, & nos arbres frapez jufqu'à la racine. Nos oliviers, après avoir long-temps langui, ne nous laifferent d'autre ref-fource que d'en voir de tendres rejettons, fragile efpoir pour nos neveux. Toute la Nature engour-die fufpendit fa féconde activité, & les efperances de nos moiffons furent perduës. Alors la crainte des extremes befoins produifit de plus grands maux, que les befoins même. La contagion fuivit de prés ce qui en eft la caufe ordinaire, & répandit dans nos Villes & dans nos Campagnes la mortalité.

Quels Crimes purent nous attirer du Ciel tant de fleaux redoublez? La fource n'en paroiffoit que trop dans le débordement de nos mœurs ; mais le Prince Religieux crut la découvrir dans luy-même. Voyant des yeux de la foy l'Ange Exterminateur qui frapoit fon Peuple, fa tendreffe pour nous redoubla fa com-ponction ; & s'adreffant à ce Miniftre de la ven-geance divine, il luy dit prefque dans les mêmes termes que David ; c'eft moy qui fuis le Coupable. Que vôtre main fe tourne contre moy, & contre la maifon de mon pere: *Et cum vidiffet Angelum cædentem po-* 2. *Regum* 24. *pulum, dixit : Ego fum qui peccavi .... vertatur, obfecro, manus tua contrà me , & contrà domum patris mei.* Il ne fut que trop exaucé pour le malheur de ce Royaume. Nos Princes furent frapez ; & quels Princes, Grand Dieu ! Ils auroient éternifé le bonheur de la France.

Trois generations éteintes en moins d'une année.
L'Epouse, l'Epoux, & les Enfans ensevelis sous une
seule pompe funebre. Quel spectacle de désolation
pour celuy qui étoit le Pere de tous! Mais quelle
fermeté invincible ; ou plûtôt quelle soumission sans
reserve aux Ordres du Tout-puissant! Il verse des
larmes, moins sur ses douleurs, que sur les maux
de son Peuple. Il plaint ses Sujets ; comptant pour
rien l'amertume de son cœur. Il a plus de regret
à la perte qu'ils font, qu'à celle qu'il fait luy-même.

Est-ce d'un homme endurci par l'habitude aux
feux de la tribulation, que partent de si heroïques
sentimens? Non, Messieurs, c'est d'un Roy né presque sur le Trône, & nourri dans les plus grandes
prosperitez. Mais d'un Roy que sa Religion a rendu
penitent ; qui instruit de la rigueur des Jugemens de
Dieu, redoute sa Justice. D'un Roy vrayment Chrétien, qui connoît les immenses Tresors de gloire
que cachent les tribulations, & qui sçait que soûtenuës
avec patience, elles peuvent operer une Eternelle fe-
licité. Telles sont les vûës qui animent sa Constance.
Tels sont les principes de sa soumission. Voilà le Roy
que nous avons perdu. Voilà une partie des prodiges
de sa vie. Il me reste à vous faire admirer ceux qu'il
nous a fait voir à sa mort. Si je passe de quelques
momens les bornes qui me sont prescrites, j'ay l'a-

vantage de parler devant des Sujets fidelles, qui pleins du souvenir de ses merites & de ses bienfaits, trouveront toûjours comme trop foible l'Eloge que je fais de ses Vertus.

SECOND POINT.

BEny soyez-vous, Dieu d'Israël, de ce que vous avez retiré la main que vous aviez appesantie sur moy, disoit Tobie, lors qu'ayant vû finir toutes les tribulations, par lesquelles il avoit falu que sa vertu fût éprouvée, il répandoit son cœur dans les sentimens de la plus tendre reconnoissance. *Benedico* *te, Deus Israël, quia tu castigasti me, & quia tu salvasti* *me.* Telle étoit la situation du Roy, depuis que par sa soumission parfaite aux ordres severes du Ciel, il avoit merité que la divine Justice se tournât pour nous en bonté. La Paix sortit contre toute esperance de la source même de la Guerre ; & devenuë generale par les suites heureuses d'une Bataille, qui obligea les Ennemis d'abandonner au Roy ses anciennes Conquêtes, & de ceder l'Espagne à son Petit-fils, la Paix avoit fait succeder le calme aux plus violentes tempêtes. Les Peuples commençoient à respirer ; & la France alloit reprendre sa premiere Splendeur. Le Religieux Prince attentif à offrir de continuels sacrifices d'action de graces à l'Autheur d'un bien si peu attendu, se consoloit des maux

Tob. 11.

paſſez par l'eſperance de pouvoir bien-tôt ſatisfaire
ſon cœur, en ſoulageant un Peuple dont la fidelité
avoit ſurpaſſé nos diſgraces. Il ne parloit que du de-
ſir qu'il avoit d'adoucir nos maux ; & ne penſoit
qu'aux moyens de le ſatisfaire. Déja ſon vaſte Genie,
que ſon amour pour nous rendoit & plus induſtrieux
à chercher, & plus fécond à inventer des reſſources,
formoit le plan de nôtre bonheur. Vous n'avez pas
voulu, Seigneur, qu'il eût la conſolation de nous
voir joüir du fruit de ſes veilles. C'eût été, ſans doute,
la plus douce qu'il eût jamais reſſentie. Vous la re-
ſerviez à un Prince de ſon Sang, qui ſeul pouvoit
remplir le vuide immenſe, qu'un ſi grand Roy a
laiſſé en mourant. Beniſſez la droiture de ſes vûës,
& les efforts de ſon inépuiſable application. Plus les
playes que de ſi longues guerres ont faites à l'Etat
ſont profondes, plus les mains qui ſçauront les gue-
rir ſignaleront leur habileté. La grandeur du mal ne
ſervira qu'à faire éclater la force du remede, & à
couronner d'une plus grande gloire celuy qui nous
l'aura procuré.

Nous ne fûmes pas long-temps incertains ſur la
deſtinée du Souverain ; & les ſignes funeſtes qui pa-
rurent dés le premier jour de ſa maladie, nous pré-
ſagerent aſſez le malheur qui nous menaçoit. Le Roy
s'en apperçut luy-même ; & dés-lors commencerent
à ſe développer ces heroïques ſentimens, qui ont fait

voir à fa mort un prodige de force chrétienne, dont
la Religion a été honorée ; & qui peut fervir à con-
fondre la pieté même des Solitaires les plus feryens.

Que n'en avez-vous été les témoins, Meſſieurs!
Vous éleveriez icy vôtre voix à la gloire du Dieu
immortel, qui a operé tant de merveilles dans nôtre
Prince. Vous nous r'appelleriez ces fituations, je di-
rois prefque extatiques, où l'on vit toute la Cour
faire ceder fa douleur & fa trifteffe, aux fentimens
d'une admiration generale, qui fufpendit le cours
des larmes, fit difparoître toute idée de düeil, &
remplit d'acclamations un Palais, qui fans l'afcen-
dant d'une impreffion fi univerfelle, auroit retenti de
gémiffemens & de plaintes.

Vous nous raconteriez avec quelle avidité on re-
cüeilloit les paroles du Prince mourant. Avec quel
empreffement on fe les répetoit les uns aux autres.
Ce qu'on difoit de fa foy, de fon détachement, de
fa confiance en Dieu, de la liberté de fon Efprit,
de l'égalité de fon Ame, de fa conftance & de fa fermeté. Que cet Eloge feroit magnifique, fi je pou-
vois y renfermer toutes les loüanges que la fingula-
rité du fpectacle fit répandre dans ces momens, où
il fembla que la Religion du Prince avoit touché les
plus Libertins & les plus Impies.

Je les r'amaffe toutes en une feule, en vous difant
qu'il porta la force Chrétienne au degré le plus he-

roïque. Attaché au point fixe, qui fepare cette vertu de deux extrémitez vicieufes, il n’a peché ni par
défaut ni par excés ; & a paru auffi éloigné d’être foible ou pufillanime, que d’être temeraire ou préfom-
ptueux. Le trouble ne l’a point empêché d’accom-
pagner fon facrifice de tout ce qui pouvoit le rendre agréable à Dieu ; mais la confiance qui l’a foutenu , n’a été fondée que fur les mifericordes du
Seigneur, & fur la longue préparation qu’il avoit
apportée à fa derniere heure.

Comment meurent la plûpart des hommes, Meffieurs? Vous le fçavez. On eft fi prévenu de leur foi-
bleffe, que le plus fouvent la crainte d’avancer leur
mort fait qu’on n’ofe la leur annoncer ; ou fi on s’y
détermine enfin, on veut menager avec tant de cir-
confpection les circonftances, que tandis qu’on tem-
pôrife pour en attendre de favorables, ou le malade
expire, ou il perd l’ufage de fa raifon ; ou s’il a encore l’efprit affez libre, la proximité du tombeau l’é-
pouvante ; il fe trouble, il fe confond ; & perd le
merite du facrifice de fa vie, parce qu’il n’a pas la
force de l’offrir. Ainfi meurent les Lâches. Ames foibles
& pufillanimes, venez apprendre du plus grand Roy
du monde comment meurt un Heros Chrétien. *Non
ficut mori folent ignavi, mortuus eft.* Loin de luy tous ces
ménagemens concertez avec tant de précaution, &
prefque toûjours avec fi peu de fuccès. Ces détours

*Regum lib.
2°. cap. 3°.*

étudiez

étudiez ne font pour luy de nul usage. Il se pronon-
ce à luy-même avec une fermeté qui étonne, l'arrêt
de mort que vous n'osez faire entre-voir aux autres
qu'en tremblant. *M'avez-vous donc crû immortel*, dit-il
à ceux qui paroissoient étonnez de son courage? *Pour moy, je ne me suis jamais crû tel. Il ne faut plus me parler comme à un autre homme*, ajoûte-t-il. *Ne vous lassez point de me suggerer des paroles de l'Ecriture, qui expriment les sentimens les plus conformes à la situation où je suis.* Mais on veut, luy dit-on, *rappeller Vôtre Majesté à la vie. La vie, ou la mort*, répond-il ; *ce qu'il plaira à Dieu*. Quelle resignation! Quel Courage! Est-il donc
si facile de quitter un Trône avec toute la gloire &
tous les charmes qui l'environnent, & d'abandonner un Sceptre porté si long-temps avec tant d'éclat?
Le sacrifice d'une Couronne, où se trouve réüni tout
ce qui peut faire le bonheur des plus grands Rois,
se fait-il ainsi dans un seul instant? Un tel effort
peut-il être l'effet d'une Grandeur d'ame qui se trouve au-dessus de la plus haute fortune? Non, Messieurs;
le seul Christianisme a pû nous donner le spectacle
d'une si rare Magnanimité. L'homme tient à ce monde par mille liens qui luy sont inconnus. L'extrême
difficulté qu'il éprouve à s'en separer, quelque médio-
cre que puisse être sa condition, montre la force de
son attachement ; & s'il en a si peu couté à nôtre
Prince de se résoudre à mourir ; c'est un triomphe

qui fuppofe autant de victoires, que la Royauté a
d'attraits ; & qui a été précedé par autant de com-
bats que la Couronne a de liens pour s'attacher le
cœur d'un grand Roy. Mais c'eft peu pour luy qu'un
entier dégagement de tout ce qui n'eft pas éternel,
luy faffe accepter la mort. La vivacité de fa foy la
luy fait defirer. Je vois dans l'Ecriture un Prince qui
ne peut s'empêcher de s'écrier, eft-ce ainfi, cruelle
Mort, que tu me fépares fi fubitement de tout ce
qui faifoit ma félicité ? Et j'entens celuy-cy dire avec
tranfport, *qu'il eft aifé de mourir, & qu'il en coute peu de
quitter la terre.* Je luy vois rejetter les vœux qu'on veut
faire pour fa vie, & ordonner qu'on les borne à demander fon falut.

Ce fut à cet unique objet que fe r'apporterent
deformais toutes fes démarches & tous fes defirs.
Quels efforts pour fe l'affurer ! Mais quel ordre &
quelle ferveur dans l'accompliffement de toute juftice ! Afin que fon Ame ne puiffe être arrêtée par aucun poids de fa mortalité dans le vol qu'elle va prendre vers le Ciel, il commence à la purifier dans le
Bain facré que Jefus-Chrift a établi dans l'Eglife.
Difpenfez-moy de vous retracer, avec quelle ardente
Charité il participa enfuite à nos faints Myfteres,
& reçût l'Onction fainte qui a la vertu d'effacer de
l'ame tous les reftes du peché. Ceux qui en ont été
les témoins, n'ont pû en dire autre chofe, finon

qu'une fubite émotion de leur cœur, où la joye, la
Religion, & la douleur étoient confonduës enfem-
ble, les livra aux tranfports de la plus vive admiration. Mais quelle clarté Celefte répand tout d'un
coup dans fon ame une fi grande ferenité? C'eft fans
doute un avant-goût de la Gloire, dont il poffede
le gage dans le Corps Adorable du Sauveur, qu'il
vient de recevoir.

Après de ferventes actions de graces, il accorde
aux Princes & aux Princeffes la confolation de le
voir pour la derniere fois. Quel accueil! On croiroit
entendre le Patriarche Jacob, qui fur le point de
mourir fait paffer devant luy toute fa famille, &
donne à chacun avec le dernier témoignage de fa
tendreffe les plus falutaires confeils. Tout eft en
pleurs. LOUIS feul paroît ferme & tranquile ; &
avec une douceur qui marque le calme profond de
fon Ame. Eh pourquoy, leur dit-il, vous affliger
ainfi ? Je n'ay point de peine à mourir. Il appelle fes
Miniftres. Les Seigneurs de fa Cour font introduits.
Il loüe leur fidelité ; les remercie de leurs fervices ;
va jufqu'à leur demander pardon du mauvais exemple qu'il leur a donné ; & exige d'eux pour fon Petit-
fils la même obéïffance & le même attachement,
qu'ils ont eu pour fa Perfonne.

Quel nom viens-je de prononcer, Meffieurs? C'eft
icy le moment le plus douloureux. Sera-t-il poffible

au Roy de le soûtenir ? O Force! O Constance digne d'être consacrée dans les annales, où se conserve la memoire des actions de nos plus grands Saints! O Religion que tu es puissante sur un Cœur qui t'est parfaitement soumis! On conduit le jeune Roy, (car c'est ainsi que le nomme desormais le Roy mourant.) Grand Dieu, quelle entre-vûë! Le triste état du Bisayeul fait pousser de grands cris au jeune Prince effrayé. Mais le Roy l'ayant bien-tôt calmé par la douceur de ses regards, luy adresse ces paroles que la Sagesse luy dicte, & que la Religion luy donne la force de prononcer ; *Mon cher Enfant, vous allez être bien-tôt un grand Roy. Ne m'imitez pas dans le goût que j'ay eu pour la guerre. Rendez à Dieu ce que vous luy devez. Faites-le honorer de vos Sujets. Tâchez de soulager vôtre peuple ; ce que je suis assez malheureux pour n'avoir pas pû faire.* Il l'embrasse. Le benit deux fois. Ceux qui étoient presens à un spectacle si attendrissant, dérobent le jeune Prince à la vûë du Roy.

Qu'admirez-vous d'avantage dans cette action, Messieurs, ou la fermeté de son Courage, ou la grandeur de sa Religion? Pour qui montre-t'il plus de tendresse? Pour son Petit-fils, ou pour le Peuple qu'il doit gouverner? Puissent les paroles que vous venez d'entendre être si profondément gravées dans le Cœur de ce jeune Prince, qu'elles deviennent la regle constante de sa conduite, & tout l'esprit des Loix qu'il

doit nous impofer! Quel fujet ne nous donnent pas
de l'efperer les Inclinations bienfaifantes, qui fe dé-
veloppent tous les jours à travers les traits les plus
gracieux de fon enfance, & la haute Sageffe du Prince
à qui eft confié le foin principal d'une Education ,
qu'il rendra fi propre à faire germer les femences pré-
cieufes de vertu que le Seigneur a jettées dans fon
Cœur?

Depuis ce moment le Roy ne parut plus tenir à la
terre. Dans la fituation d'un ferviteur qui , plein d'a-
mour pour fon maiftre, attend avec impatience fon
arrivée, *ô mon Dieu! dit-il, quand me ferez-vous la grace
d'être délivré de cette miferable vie ? Il y a long-temps que je
le defire, & je vous le demande de tout mon Cœur.* C'eft,
Meffieurs, un Voyageur, qui laffé des fatigues d'un
long pelerinage, ne foupire qu'après fa patrie. C'eft
un homme qui fort d'efclavage, & qui ne fera jamais
à fon gré affez tôt en liberté. Plus il s'approche de
fon dernier terme, plus fa tranquilité paroift s'augmenter. On diroit qu'il ne s'agit que de fe dérober
pour quelques momens aux embarras du Trône. Il
ordonne tout ; il pourvoit à tout. On luy demande
s'il fouffre de vives douleurs ; *Non*, répond-il, *& c'eft
ce qui m'afflige.* Si quelque nuage peut troubler la Se-
renité de fon Ame , c'eft la peine qu'il a de ne pas
fouffrir affez pour expier fes pechez.

Ne penfez donc pas que fa Confiance ait efté une

préfomption; ni que le Courage qu'il a montré, ait eu pour principe cette Philofophie infenfée, qui ne r'affure contre les terreurs de la mort, qu'en la faifant regarder comme l'anéantiffement de tout l'homme. S'il en a foutenu les approches avec tant de force, ce n'eft que parce que la regardant avec les yeux de la Foy, il l'a confiderée comme la jufte punition du peché, & comme l'hommage le plus parfait que la creature puiffe rendre à fon Createur. Il s'eft prefenté avec une ferme efperance de fon falut au Tribunal du Juge inexorable, parce qu'il avoit pris foin de le defarmer en fe jugeant luy-même avec une extréme feverité ; parce qu'il a mis toute fa confiance dans les merites du fang de JESUS-CHRIST, & dans fes mifericordes, qu'il a reclamées avec ferveur. Il a redouté, comme Job, toutes fes œuvres. Mais il s'eft fouvenu que David, tout criminel qu'il avoit efté, ne laiffe pas d'être nommé dans l'Ecriture parmi les Princes qui n'ont point commis le peché, parce qu'il n'avoit jamais fouffert dans Ifraël d'autre Culte, que celuy de l'Arche Sainte ; & il s'eft promis de la bonté de Dieu, qu'une femblable fidelité luy obtiendroit une égale mifericorde. Enfin il eft mort comme meurent les Prédeftinez, parce qu'il a employé la meilleure partie de fa vie à fe préparer à la finir en Héros Chrétien. Car ne vous imaginez pas que des fentimens, tels que ceux qu'il nous a fait admirer, fe forment

Præter David & Ezechiam & Jofiam omnes pcccatum commiferunt. Eccl. ch. 49.

entre les bras de la mort. Ce moment fatal eſt, dit
le S. Eſprit, comme le dévoilement general de toutes
les actions de l'homme. Il ne produit pas les vertus
dans le cœur ; il fait ſeulement briller celles qu'on y
a formées durant ſa vie.

Mais r'apportons une fin ſi précieuſe à ſon veritable principe. Quand ce grand Roy envoyoit aux extrémitez de la terre des Miniſtres fidels, annoncer
l'Evangile à des Peuples d'un langage inconnu ; quand
les avantages accordez ou refuſez à la Religion, déci-
doient de la rupture des Traitez de Paix qu'il a accep-
tez ou rejettez ; quand avec un ſuccès dont nous joüiſſons, il employoit toutes les précautions que pouvoit
luy inſpirer ſa Sageſſe, pour ne donner aux Peuples
que des Paſteurs dignes par leurs vertus d'eſtre les
modeles de leurs Troupeaux ; quand il appuyoit de
toute ſon autorité les déciſions de l'Egliſe contre une
Erreur, dont la mauvaiſe foy s'eſtoit enfin retranchée
à couvrir ſous le voile d'un ſilence reſpectueux ſa de-
ſobéïſſance obſtinée ; quand il ſignaloit le premier jour
de ſa Majorité, en portant au Sanctuaire de la Juſtice
les Edits qui ont proſcrit les Blaſphêmes & les Duels,
deux Monſtres auſſi nuiſibles à la Republique, que
contraires à la Loy de Dieu ; quand il autoriſoit la
vertu par ſes exemples, & qu'il décreditoit le vice
par le mépris qu'il en montroit ; l'Ange du Seigneur
écrivoit toutes ces actions avec des caracteres immor-

tels dans le Livre de Vie. L'Agneau de Dieu , à qui
feul appartient d'ouvrir & de fermer ce Livre fatal,
qui contient les deftinées éternelles de tous les hommes, l'a ouvert à la mort de nôtre Prince , & a choifi
ce moment pour luy donner la récompenfe de toutes
les œuvres vertueufes qu'il y a trouvées écrites. De-là
font nées la pureté de fa Foy , l'ardeur de fa Charité,
l'amertume de fa Contrition, la vivacité de fon Efperance, enfin l'exercice heroïque de toutes les Vertus
Chrétiennes, qui l'ont fait paroître à fa derniere heure
comme un prodige de force que la Religion a formé,
pour luy rendre par un retour fidele les fervices à
jamais memorables, qu'elle en avoit reçûs.

Il n'eft plus ce grand Roy ; mais fa Memoire fera
éternelle. Ce n'eft pas pour luy que nous devons le
regretter. Ses vertus nous autorifent trop à efperer
qu'il eft allé prendre poffeffion d'un Royaume plus
glorieux , que celuy qu'il gouvernoit. Il n'a point
dépofé la Couronne;il n'a fait que changer de Sceptre.
Abiit accipere fibi Regnum, quod non depofuit , fed mutavit.
C'eft pour nous-mêmes que nous devons le regretter. Pour ce jeune Roy , Refte précieux d'une Famille
Augufte, qui avoit fait luire à nos yeux de fi longues
efperances , & porté affez de Roys pour nous rendre
heureux durant plus d'un fiecle. A quel haut dégré
de perfection dans l'art de regner ne l'auroit pas élevé
un fi grand Maître ? Quelles leçons ne luy préparoit-
il

il pas? La mort luy a ravi de si puiſſans ſecours. Ne nous livrons pas tellement à la douleur de cette perte, que nous oubliions les avantages qui doivent nous conſoler.

Non, Meſſieurs, (& je puis le dire avec encore plus de raiſon, que S. Ambroiſe ne le diſoit des enfans du grand Theodoſe) le Roy n'a point abandonné ſon Petit-fils, puiſqu'il luy a laiſſé l'heritage de ſes Vertus, la pureté de la Religion, la fidelité de ſes Peuples, & le tréſor de ſes grands exemples. Il ne l'a point aban-donné, puiſqu'il luy a laiſſé un Prince de ſon Sang capable par ſes grands Talens d'eſtre le dépoſitaire de ſon Autorité, & ſi propre à luy apprendre par ſes leçons & par ſes exemples à l'exercer un jour luy-même avec ſageſſe, & à la ſoutenir avec dignité.

Puiſſe le jeune Roy profiter long-temps d'un ſi in-eſtimable avantage ; & ſur les plans qui en ſont déja tracez faire ſucceder parmi nous le Regne de Salomon au Regne de David.

Pour remplir un projet ſi digne d'un Prince qui doit nous tenir lieu de tant d'autres, il a beſoin de toute la ſageſſe qu'obtint du Ciel celuy dont nous eſperons qu'il acquerera la gloire & les vertus. Puiſſe donc une ſainte habitude l'accoutumer de bonne heure à adreſ-ſer ſes vœux à Dieu qui en eſt la veritable ſource. Puiſſe-t'il luy dire ſouvent avec les paroles de Sa-lomon,

E

Seigneur, vous avez usé d'une grande misericorde envers le Roy mon Prédécesseur, selon qu'il a marché devant vous dans la verité & dans la justice. Vous m'avez fait regner *Reg. lib. 3. cap.* en sa place, moy qui suis vôtre serviteur. *Ego sum puer* *3.* parvulus & ignorans egressum & introitum meum. Mais je ne suis qu'un tendre Enfant. S'il me faloit défendre mon Peuple contre ses Ennemis, je ne sçaurois ni faire sortir à propos mes Troupes, ni les retirer à temps du combat. Je ne suis en état ni de donner des Loix à mes Sujets, ni de les leur faire observer. Vous m'avez élevé sur le Trône d'une Nation que vous avez choisie, & d'un Peuple qui est infini. Donnez-moy donc un Cœur docile à vos Lumieres, afin que je puisse rendre la justice, & discerner en tout le bien du mal; Et puisque vous vous êtes hâté de me mettre la Couronne sur la tête, hâtez-vous de me donner la Sagesse necessaire pour la soutenir dignement.

F I N.

Exemplaires dans notre Bibliotheque publique, un dans celle
de notre Château du Louvre, & un dans celle de notre tres-
cher & feal Chevalier Chancelier de France le Sieur Voisin,
Commandeur de nos Ordres, le tout à peine de nullité des
Presentes : Du contenu desquelles vous mandons & enjoignons
de faire joüir ledit Sieur Exposant ou ses ayans cause pleine-
ment & paisiblement, sans souffrir qu'il leur soit fait aucun
trouble ou empêchement. Voulons qu'à la copie desdites Presentes qui sera imprimée au commencement ou à la fin de la-
dite Oraison Funebre, foy soit ajoutée comme à l'Original.
Commandons au premier notre Huissier ou Sergent sur ce requis de faire pour l'execution d'icelles tous Actes requis & ne-
cessaires, sans demander autre permission, & nonobstant Cla-
meur de Haro, Charte Normande, & Lettres à ce contraires:
CAR tel est notre plaisir. DONNE' à Paris le premier jour de
Decembre, l'an de grace mil sept cent seize, & de notre Regne
le deuxième. Par le Roy en son Conseil. *Signé*, FOUQUET,
avec paraphe. Et scellé du grand Sceau de cire jaune.

Il est ordonné par Edit du Roy du mois d'Aoust 1686. & Arrests
de son Conseil, que les Livres dont l'impression se permet
par Privilege de Sa Majesté, ne pourront estre vendus que par
un Libraire ou Imprimeur.

*Registré sur le Registre N°. 4. de la Communauté des Libraires
& Imprimeurs de Paris, page 94. N°. 113. conformément aux
Reglemens, & notamment à l'Arrest du Conseil du 13 Aoust
1703. A Paris le 15 Decembre 1716.*

DELAULNE, Syndic.